La France libératrice des Peuples

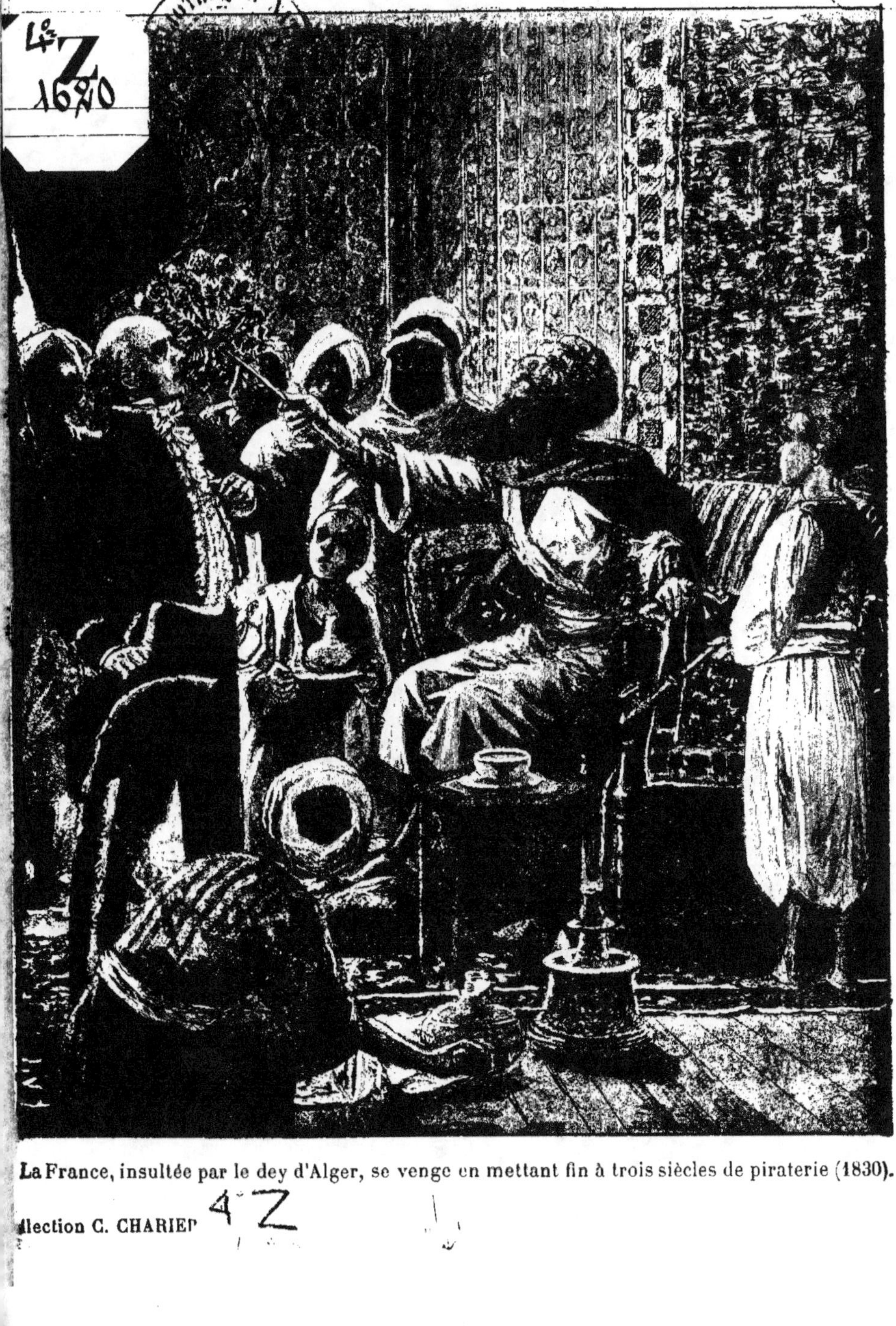

La France, insultée par le dey d'Alger, se venge en mettant fin à trois siècles de piraterie (1830).

Collection C. CHARIER

La France libératrice des Peuples

Le maréchal Maison intime l'ordre à Ibrahim de quitter le Péloponèse, et arrache les Grecs
à la domination des Turcs (1830).

La France libératrice des Peuples

La France donne l'indépendance à la Belgique (1832).

La France libératrice des Peuples

Entrée à Milan des Français accueillis en libérateurs (1859).

La France libératrice des Peuples

Les Français tentent de soustraire l'Irlande à la domination anglaise (1797 98).

La France libératrice des Peuples

La France, la première au monde, proclame l'abolition de l'esclavage (1794).

La France libératrice des Peuples

La Révolution fait passer sur le monde un souffle de liberté (1789).

La France libératrice des Peuples

Washington reçoit les volontaires français, venus pour aider les colons d'Amérique
à proclamer leur indépendance (1778).

Washington reçoit les volontaires français, venus pour aider les colons d'Amérique à proclamer leur indépendance (1778).

Les premiers symptômes de cet esprit d'indépendance qui caractérisa la fin du dix-huitième siècle se manifestèrent d'abord en Amérique. Les colons de la Nouvelle-Angleterre, irrités des exactions continuelles du gouvernement anglais, résolurent de secouer le joug de la métropole.

L'impôt sur le timbre et celui sur le thé en 1767 donnèrent naissance au mouvement qui se changea bientôt en un conflit ouvert. En 1773, une cargaison de thé que le roi Georges III avait fait venir des Indes, servit de prétexte : elle fut jetée à la mer, ce qui fut en même temps le signal de l'insurrection.

La séparation de la mère patrie et la formation d'une confédération d'Etats libres, sous le nom d'*Etats-Unis*, furent décidées par la volonté unanime des colons réunis au congrès de Philadelphie en 1776.

Georges Washington, gentilhomme d'un esprit élevé et hardi, avait déjà reçu l'année précédente le commandement de l'armée des fédérés. Tous jurèrent de vivre libres ou de mourir. L'insuccès des débuts n'abattit pas leur courage. Après une série de combats sanglants, le général Gates, à la tête des troupes américaines, fut chargé d'empêcher le général anglais Burgoyne d'opérer sa jonction avec Clinton. Il réussit en effet à le cerner dans Saratoga, qui capitula le 16 octobre 1777, laissant 6.000 prisonniers aux mains des assiégeants.

Ce premier succès enflamma le patriotisme des Américains, mais la résistance des Anglais leur avait fait mesurer l'étendue des difficultés qu'ils allaient rencontrer. De plus, ils sentirent très bien le danger de leur infériorité numérique et de l'insuffisance de leurs moyens d'action. Il fut décidé qu'on réclamerait l'appui de la France. Le célèbre Franklin fut délégué par le congrès pour remplir cette délicate mission.

Louis XVI, hésitant et incertain, n'accéda aux sollicitations de l'illustre savant que sous la pression de son entourage. De nombreux volontaires, conduits par La Fayette et Rochambeau, n'avaient pas en effet attendu l'acceptation officielle du gouvernement français pour aller mettre leur épée au service du droit et de la liberté.

Enfin, le roi cédant à l'entraînement des esprits, offrit son concours en 1778.

A partir de ce moment, la guerre fut déchaînée sur tous les points du globe. La France eut à soutenir, seule, le choc terrible de la marine anglaise. En Europe, en Amérique, en Asie, en Afrique, nos vaillants marins, parmi lesquels il convient de citer Suffren, d'Estaing, Lamotte-Piquet, Lapeyrouse, de Grasse, de Guichen et d'Orvilliers, surent maintenir le glorieux renom de la France.

Pendant que les escadres françaises infligeaient aux vaisseaux anglais des défaites successives, particulièrement dans les mers des Indes, sous le commandement de Suffren, et dans la baie d'Hudson, sous les ordres du comte d'Estaing, il arriva que parallèlement à ces succès, l'armée de terre commandée par Washington et Rochambeau contraignit le général anglais lord Cornwallis à capituler dans Yorktown, le 19 octobre 1781.

Cette victoire décisive termina la guerre.

Enfin, le traité de paix fut signé à Versailles le 3 septembre 1783. L'Angleterre y reconnaissait formellement la liberté, la souveraineté et l'indépendance des Etats-Unis. La France rentrait en possession des îles de Sainte-Lucie et de Tabago, de Pondichéry, de Mahé, de Surate. Elle recouvrait également la pleine suzeraineté de la rivière du Sénégal.

L'Espagne, qui s'était jointe à la France, obtint la Floride, et la Hollande rentra en possession de ses colonies.

Er. Richa.

La Révolution fait passer sur le monde un souffle de liberté (1789).

La Révolution française comprend les faits les plus mémorables des temps modernes. Les philosophes et les penseurs de la fin du xviiie siècle en ont préparé l'avènement. Les Montesquieu, les Voltaire, les Diderot, les Rousseau avaient esquissé les réformes à accomplir en traits ineffaçables.

Des hommes nouveaux apparurent bientôt sur la scène du monde. Ils furent les acteurs du drame qui allait se dérouler en faveur de l'émancipation humaine.

Les plus grands esprits de cette époque orageuse saluèrent avec enthousiasme la Révolution française. Une France nouvelle naquit et grandit au milieu des tempêtes et des luttes contre les derniers représentants de l'Europe féodale et monarchique. On eut alors comme la sensation qu'un souffle de liberté, d'égalité et de fraternité passait sur le monde.

Il s'agissait en effet de la conquête du droit, de la justice et de toutes les libertés légitimes. Cette lutte mémorable qui mit aux prises les débris de l'ancien régime et les germes d'un monde nouveau intéresse l'humanité entière; car c'était pour son affranchissement que nos pères ont combattu. La Révolution n'est donc pas un fait purement français.

La Déclaration des droits de l'homme est une charte de liberté que nous a laissée la Révolution. Les enseignements qui en découlent peuvent trouver leur application pratique dans toutes les parties du monde. Toutes les nations d'ailleurs ont puisé à cette source de justice. Les facultés de haute généralisation, particulières à l'esprit français, éclatent avec une merveilleuse puissance dans ce document unique au monde. Les peuples ont tressailli d'allégresse en écoutant 'a voix de la France, clamant à tous les échos son espoir dans le triomphe des droits imprescriptibles de l humanité.

Pourtant, les conséquences immédiates de cet audacieux défi à la tyrannie ne furent pas ce que ses auteurs avaient espéré : les têtes couronnées n'acceptèrent pas docilement cette doctrine nouvelle qui menaçait d'ébranler leurs trônes séculaires. Ils rejetèrent avec dédain ce qu'ils appelaient le « poison républicain » et conçurent le projet d'exterminer les Français propagateurs de l'émancipation humaine.

L'envahissement de notre territoire fut ainsi décidé par l'Europe coalisée. C'est alors que la France, que ne tourmentait aucun esprit de conquête, eut à se défendre contre les tentatives du dehors. Bientôt on eut ce spectacle admirable d'un peuple surpris par un ennemi en proie à la fièvre dynastique, se ruant, dans un élan de sublime patriotisme, à la défense de ses frontières menacées.

Forcés par les circonstances à prendre les armes, les Français les mirent au service de leur idéal : ils se firent les porte-paroles de la Révolution, dont le prestige était si puissant qu'à la seule vue du drapeau tricolore les peuples, en dépit des trônes. tendaient les mains à nos soldats et ouvraient les portes de leurs cités. La force n'était rien dans la conquête, c'était l'esprit. La liberté, qui leur semblait accompagner les pas de nos volontaires, leur apparaissait comme un lever de soleil, et la domination française comme un affranchissement. Les conceptions de nos philosophes se traduisaient, par le fait de notre occupation, en lois positives. L'abolition de l'oppression féodale et des servitudes de toute nature, l'institution des droits du citoyen constituaient en somme le triomphe éclatant de la France plébéienne et démocratique sur les rois et les aristocrates de l'Europe.

« Le droit, nous dit Michelet, marcha aux redoutes et les emporta. Il entra avec les nôtres dans les rangs des vaincus. La liberté, en les frappant, les émancipa, elle en fit des hommes libres.... L'épée dont frappait la France, au lieu de blesser guérissait les peuples. »

Er. Richa.

C. CHARIER, éditeur à Saumur

La France, la première au monde, proclame l'abolition de l'esclavage (1794).

Les idées philosophiques devaient, au xviii° siècle, remuer profondément l'Europe. Voltaire, Montesquieu, Rousseau, dénoncèrent à la face de l'univers tout ce que le trafic des esclaves comporte d'odieux et de méprisable. Il appartenait donc à la France de prendre la tête du monde civilisé et d'introduire dans ses lois la disparition de l'esclavage. Ce fut l'œuvre de la Révolution : dans un instant de généreux entraînement, la Convention, sur la proposition des députés Vadier, Levasseur et Lacroix, vota l'affranchissement des esclaves de nos colonies.

Voici les termes de cette résolution prise, dans la séance du 16 pluviôse an II (4 février 1794) :

« La Convention nationale déclare abolir l'esclavage des nègres dans toutes les colonies ; en conséquence, elle décrète que tous les hommes, sans distinction de couleur, domiciliés dans les colonies, sont citoyens français et jouissent de tous les droits assurés par la constitution. »

Le décret de la Convention tomba en désuétude sous les gouvernements qui lui ont succédé. La délivrance des malheureux esclaves ne devait sérieusement prendre fin qu'à l'avènement de la deuxième République.

En effet, le gouvernement provisoire de la République, le 4 mars 1848, fit le décret suivant :

RÉPUBLIQUE FRANÇAISE
LIBERTÉ, ÉGALITÉ, FRATERNITÉ.

« Au nom du peuple français : Le gouvernement provisoire de la République, considérant que nulle terre française ne peut plus porter d'esclaves, décrète : une commission est instituée, auprès du ministre provisoire de la marine et des colonies, pour préparer, dans le plus bref délai, l'acte d'émancipation immédiate dans toutes les colonies de la République. Le ministre de la marine pourvoira à l'exécution du présent décret.

Paris, le 4 mars 1848.

« Les membres du gouvernement provisoire :

« Signé : Dupont (de l'Eure), Arago, Lamartine, Louis Blanc, Ad. Crémieux, Ledru-Rollin, Garnier-Pagès, Marie, Marrast, Flocon, Albert. »

Le 5 mars, un arrêté de M. Arago composa la commission de la façon suivante : MM. Victor Schœlcher, sous-secrétaire d'Etat des colonies ; Mestro, directeur des colonies ; Perrinon, chef de bataillon d'artillerie de la marine ; Gatine, avocat à la cour de cassation.

Tout le monde se plut d'ailleurs à reconnaître que le véritable promoteur du glorieux décret du 4 mars fut M. V. Schœlcher, le président de la commission.

L'abolition de l'esclavage fut ensuite inscrite dans l'article 6 de la constitution.

Tout ce qui ressemblait à l'esclavage, ou pouvait le ramener sous des formes déguisées, était sévèrement proscrit, et la souillure de la servitude était repoussée soit du sol de la France, soit de la personne d'un Français.

L'article 7 proclamait que, par une sorte de miracle, le seul contact de la terre française enfante la liberté.

L'article 8 interdisait à tout Français, sous peine de perdre cette qualité, l'achat ou la possession d'esclaves, même en pays étranger.

Les gouverneurs ou commissaires généraux de la République furent chargés d'appliquer ces grandes mesures dans toutes les colonies françaises.

Er. Richa.

Les Français tentent de soustraire l'Irlande à la domination anglaise (1797-1798).

Quand éclata la Révolution française, l'Angleterre, effrayée des sympathies des Irlandais pour les patriotes français, accorda concessions sur concessions ; mais ces sympathies se traduisant par des complots contre la domination britannique, le cabinet anglais essaya de les comprimer par des mesures d'une atroce rigueur. En 1791, une société populaire s'organisa sous le nom d'*Irlandais-Unis*. Les vexations que cette société eut à subir de la part du Parlement développèrent les germes d'insurrection qui fomentaient dans son sein. En 1796, une révolte éclata ; les chefs du parti populaire obtinrent des armes du Directoire de la République française ; un gouvernement provisoire s'installa même à Wexford sous le nom de *Directoire exécutif de la République irlandaise ;* mais le mouvement n'avait pas été simultané, en sorte que la tentative échoua.

La première expédition organisée en vue de porter secours à l'Irlande le fut par Hoche, le célèbre général français, le pacificateur de la Vendée. C'est en voyant les Anglais fomenter continuellement des troubles sur notre territoire qu'il conclut le projet audacieux de les attaquer par surprise, en employant les mêmes moyens.

Choisissant le moment où les Irlandais, frémissants d'impatience, n'attendaient qu'une occasion pour secouer le joug de leurs oppresseurs, il soumit au Directoire un plan de débarquement sur la côte d'Irlande et réussit à le faire accepter par les membres de cette assemblée.

C'est alors qu'il se rendit à Brest pour surveiller tous les préparatifs de l'expédition d'outre-Manche, dont il avait le commandement. Des difficultés sans nombre l'attendaient. Les pouvoirs publics eux-mêmes, par leur hésitation et leur incurie, faillirent tout compromettre. Hoche, en présence de tant de défaillances, écrivait à un de ses amis ces mots qui dépeignent bien la situation et révèlent l'état d'esprit du général : « Quel est le poste où on me tient enchaîné ! Les Français sont déshonorés par cette indolente campagne. O vainqueurs de Fleurus, que faites-vous donc ? Qu'est devenu ce bouillant courage qui fit trembler l'Europe ? »

Hoche, enfin, réussit pourtant à composer un corps expéditionnaire de 18.000 hommes, dont il fut le chef.

L'escadre qui le portait et que commandait Morard quitta le port le 16 décembre 1796. Elle était parvenue à tromper la vigilance de la flotte anglaise, lorsqu'une effroyable tempête vint à disperser les navires, dans les environs d'Ouessant. Péniblement pourtant ils arrivèrent les uns après les autres dans la baie de Bantry, lieu de ralliement. Un seul manquait à l'appel : c'était la frégate *la Fraternité*, portant Hoche et l'amiral Morard. Le commandant en second de l'expédition, Grouchy, en l'absence de son chef, n'osa prendre sur lui de débarquer, et la flotte rentra en France, après avoir laissé prendre deux vaisseaux par les Anglais. Lorsque Hoche, entraîné au loin par la tempête, aborda enfin dans la baie de Bantry, il n'y trouva ni vaisseaux ni soldats, et apprit des Irlandais que son armée était rentrée à Brest. Le désespoir dans l'âme, il dut renoncer à son projet, et après avoir échappé comme par miracle aux croiseurs ennemis, il arriva à l'Ile d'Aix le 13 janvier 1797, sans avoir éveillé les soupçons du gouvernement anglais.

Moins de deux ans après, en 1798, le projet de Hoche fut repris par le général Humbert. Une nouvelle expédition fut organisée dont il eut le commandement. Un premier débarquement de 1.500 Français s'opéra à Killala sur la côte irlandaise. Humbert obtint d'abord des succès sur les troupes britanniques ; mais écrasé par le nombre, il tomba entre les mains de l'ennemi après une défense héroïque.

Un autre corps d'armée, fort de 3.000 hommes, porté par un vaisseau de ligne et huit frégates, sous les ordres du général Hardy, débarqua sur les côtes de l'Ulster, au nord de l'Irlande, à l'entrée du golfe de Swilly, où, à la suite d'un combat naval terrible, soutenu contre la flotte anglaise, il fut fait prisonnier avec son état-major, sur le vaisseau *le Hoche*, le 11 octobre 1798.

L'insuccès de cette expédition vint de l'époque tardive où elle eut lieu. Les Français, en effet, ne furent pas appuyés par les Irlandais, que les Anglais avaient eu le temps de harceler depuis plusieurs années et de réduire à l'impuissance. Ces derniers concentrèrent toutes leurs forces contre une poignée de Français, écrasés par le nombre.

Ces malheureuses tentatives ne furent pour l'Irlande que la cause ou le prétexte de nouvelles exactions de la part du gouvernement britannique.

ER. RICHA.

Entrée à Milan des Français
accueillis en libérateurs (1859).

Pendant des siècles l'Italie fut morcelée en de nombreux petits Etats, dont la plupart subirent alternativement le joug de l'étranger. Il faut arriver jusqu'au seuil de la période contemporaine pour voir poindre à l'horizon le noyau autour duquel viendront successivement se grouper les derniers tronçons du royaume d'Italie.

Victor Emmanuel II, roi de Sardaigne, fut le souverain qui sut réaliser les aspirations nationales. Il fut à proprement parler le père de l'unité italienne, qu'il a réussi à constituer, à l'aide du comte de Cavour, son ministre et meilleur artisan, et, grâce surtout à l'intervention française en sa faveur.

Pendant la période décennale qui finit à l'année 1859, l'Autriche fut toute-puissante dans la péninsule, à Modène et à Florence où régnaient des archiducs, à Parme sous Charles VIII, à Rome, etc. Par des traités particuliers, faits avec les petits princes de l'Italie centrale, elle obtint le droit d'intervenir par la force en cas de révolte des populations, et d'occuper le pays en cas de guerre, inquiétant la Sardaigne par son extension sur l'Apennin, en même temps qu'elle écrasait d'impôts et de réquisitions militaires le royaume Lombard-Vénitien, devenu province autrichienne.

L'Autriche, par ces excès mêmes, avait indisposé toutes les grandes puissances de l'Europe. Cavour, l'habile ministre de Victor Emmanuel II, profita de ce mécontentement général pour protester contre les empiétements de l'Autriche et dénoncer l'état lamentable dans lequel l'Autriche laissait la péninsule.

En 1859, un conflit s'éleva entre l'Autriche et le Piémont, Etat dépendant de la Sardaigne. La France aussitôt mit son épée dans la balance, soutenant ouvertement les revendications de Victor Emmanuel II. Un traité d'alliance avait été signé le 18 janvier. De toutes les parties de l'Italie des milliers de jeunes gens accouraient s'enrôler dans l'armée piémontaise. Le héros révolutionnaire Garibaldi était venu s'entendre avec Cavour.

Le 23 avril, Victor Emmanuel II reçut du gouvernement autrichien la sommation de désarmer sous trois jours. Il refusa; c'était la déclaration des hostilités.

Le 29 avril, les troupes autrichiennes étaient entrées en Piémont. Le même jour, l'Empereur Napoléon III lança une proclamation au peuple français : « L'Autriche, y disait-il, a amené les choses à cette extrémité, qu'il faut qu'elle domine jusqu'aux Alpes ou que l'Italie soit libre jusqu'à l'Adriatique... quand la France tire l'épée, ce n'est point pour dominer, mais pour affranchir ».

Nos troupes s'étaient portées aussitôt au secours des Piémontais, et les alliés ne tardèrent pas à remporter les victoires de Montebello (20 mai), de Palestro (30 mai), de Magenta (4 juin), de Marignan (8 juin). Le général autrichien Giulay, repoussé de toutes parts, abandonna la Lombardie aux alliés victorieux. La journée de Solférino (22 juin) termina cette campagne foudroyante, qui valut au Piémont la Lombardie, enlevée à l'Autriche. La Toscane, Modène, Parme, la Romagne, en se joignant au Piémont, c'est-à-dire à la Sardaigne, réalisèrent le premier effort de la reconstitution du royaume d'Italie, pendant que Garibaldi, l'année suivante, complétait l'œuvre commencée, en renversant le roi des Deux-Siciles pour cimenter cet Etat au bloc italien.

Enfin, Victor Emmanuel II fut proclamé roi d'Italie en 1861. Ainsi se réalisait la pensée de tous les patriotes de la péninsule : l'unité italienne

Il ne restait plus que les Etats de l'Eglise au pape et la Vénétie à l'Autriche. Les victoires de la Prusse en Bohême (1866) amenèrent l'abandon de cette province qui fut remise à l'Italie. Quant à Rome, qu'occupait encore une garnison française, elle fut évacuée par nous en 1870, et les Italiens y entrèrent aussitôt. La capitale de l'Italie, qui avait été Turin, puis Florence, fut désormais Rome. L'unité italienne était ainsi achevée.

De sa coopération à cette œuvre de haute justice, la France reçut Nice et la Savoie. Quant aux manifestations de reconnaissance du peuple italien, celles qui touchèrent le plus le cœur des Français se produisit le 7 juin 1859, lorsque nos soldats, couverts de gloire, entrèrent à Milan, acclamés par une population ivre de joie, délivrée enfin de ses tyrans, après onze années d'oppression.

ER. RICHA.

C. CHARIER, éditeur à Saumur

La France donne l'indépendance à la Belgique (1832).

La Belgique, incorporée à la Hollande par les traités de 1815, supportait mal le joug de son ancienne voisine. Il y avait entre les deux sœurs de vieilles haines religieuses qu'accentuait la différence de mœurs, de race et d'intérêts. Malgré les efforts du roi Guillaume pour fondre dans le même creuset l'œuvre factice de la diplomatie, les Belges ne pouvaient se faire à l'idée d'assister impassibles à l'anéantissement de leur nationalité. Dès 1830, ils firent un appel ouvert à l'indépendance. Le 26 août de la même année, une insurrection éclata à Bruxelles. Quelques jours après la Révolution fut générale, et l'armée hollandaise, sous les ordres du prince Frédéric, ne put parvenir à l'étouffer.

Le 5 octobre, les Belges proclamaient l'indépendance de leur pays.

Le roi de Hollande s'adressa alors aux puissances signataires des traités de 1815 et leur soumit son différend avec la Belgique. La France, l'Angleterre, la Russie, l'Autriche et la Prusse imposèrent un armistice aux parties belligérantes, pendant lequel les Belges offrirent la couronne, qu'avait déclinée si maladroitement le duc de Nemours, au prince Léopold de la maison de Saxe-Cobourg, veuf d'une princesse anglaise. Léopold accepta et fit son entrée à Bruxelles le 21 juillet 1831.

Le roi de Hollande, Guillaume, mécontent de la tournure des négociations, dénonça l'armistice et reprit les hostilités contre la Belgique. La France intervint alors pour faire respecter l'œuvre de la conférence.

Anvers était encore occupée par les Hollandais. Une armée française de 50.000 hommes, sous les ordres du maréchal Gérard, fut dirigée sur cette place de guerre pour l'assiéger et la réduire. On ne sait quelle politique tortueuse de la diplomatie intervint pour empêcher la participation des Belges aux opérations du siège, bien qu'il fut entrepris à leur profit. Ainsi l'avait exigé la Sainte-Alliance.

Le 28 novembre, les Français arrivaient sous les murs de la citadelle. Le maréchal somma alors le général hollandais Chassé de se rendre ; mais celui-ci fit connaître sa résolution de se défendre. Les travaux d'investissement furent poussés avec vigueur, bien que par un sentiment d'humanité les Français acceptèrent de tenir la ville en dehors du cercle des opérations.

Le 4 décembre, 104 pièces d'artillerie vomirent le feu sur la citadelle. Les Hollandais répondirent avec vigueur, laissant pressentir une résistance opiniâtre. Le terrain détrempé par les pluies contribua à augmenter les difficultés des assiégeants. Le maréchal Gérard coupa les vivres de la ville en leur fermant l'Escaut, en dépit des efforts de la flotte hollandaise pour faire échouer cette tactique. Les travaux d'approche étaient très gravement compromis par une pluie d'obus, de bombes et de boulets, qui couvrait nos soldats. Cependant, le tir de nos batteries contraignit l'ennemi à chercher un refuge dans les casemates ; tellement que les communications d'un bastion à l'autre ne pouvaient plus se faire à ciel ouvert. Enfin, le général Haxo, qui avait la direction des travaux du génie, parvint dès le 14 décembre, par l'éclat d'une mine, à pratiquer une brèche par laquelle nos vaillants soldats se précipitèrent avec intrépidité. Une partie de la garnison hollandaise, surprise et enveloppée par nos troupes, ne tarda pas, après une faible résistance, à mettre bas les armes.

Ce premier succès doubla le courage des Français, qui n'avaient jamais cessé de croire à leur triomphe, malgré les obstacles de toute nature qu'on accumulait sous leurs pas. Le maréchal Gérard déployait une fermeté admirable et une prudence consommée, tandis que le tir de notre artillerie, dirigé avec une précision extraordinaire, faisait de l'intérieur de la citadelle un immense amas de décombres.

La situation des Hollandais n'était plus tenable. Entassés dans les poternes, sentant leurs forces épuisées et ne trouvant nulle part un abri contre les projectiles qui pleuvaient sur eux, ils ne purent prolonger une résistance devenue impossible. Les assiégeants venaient de pratiquer une nouvelle brèche au bastion n° 2 et se disposaient à l'envahir, lorsque le général Chassé, le 23 décembre, se résigna à capituler : il envoya au maréchal Gérard deux officiers supérieurs, chargés de traiter en son nom.

C'est ainsi que la valeur de nos officiers et l'intrépidité de nos soldats valurent à la Belgique de conserver son indépendance.

ER. RICHA.

C. CHARIER, éditeur à Saumur

Le Maréchal Maison intime l'ordre à Ibrahim
de quitter le Péloponèse,
et arrache les Grecs à la domination des Turcs (1830).

La Grèce est un des peuples de l'antiquité qui ont le plus profondément contribué au progrès de la civilisation. Tombée sous le joug des Romains, dès 146 avant Jésus-Christ, elle n'en sortit que pour subir la domination des Croisés d'abord et, ensuite, celle des Turcs au xvᵉ siècle de notre ère, depuis 1453 jusqu'à 1830.

C'est pour l'arracher à cette servitude odieuse et indigne de son ancienne splendeur et de l'incomparable rayonnement de son génie sur le monde, que la France, aidée par l'Angleterre et la Russie, entreprit, par la force des armes, de lui assurer son indépendance.

Déjà les Grecs, fatigués de courber la tête devant leurs conquérants, avaient tenté de s'en affranchir. Ils étaient même parvenus à battre la flotte turque à Chio et à Candie.

En présence de cet insuccès, la Sublime Porte, effrayée des conséquences qui pouvaient porter atteinte à l'intégrité de l'empire, résolut d'appeler à son secours le pacha d'Egypte, Méhemet-Ali, qui lui envoya aussitôt son fils Ibrahim-Pacha.

Les alliés poursuivirent les Grecs dans Missolonghi, qu'ils assiégèrent. Cette place, principal rempart des Grecs, malgré la défense héroïque que Botzaris y opposa, tomba au pouvoir des Turco-Egyptiens en 1826. Toute la Morée fut livrée à un pillage désordonné.

La Grèce, ne perdant pas courage, eut recours aux puissances occidentales pour la réorganisation de son armée et de sa marine. La France envoya le colonel Fabvier qui vint enseigner aux troupes grecques la tactique européenne ; l'Anglais lord Cochrane eut pour mission de reconstituer la flotte. Les Turcs n'en continuèrent pas moins de remporter victoires sur victoires.

Les Grecs semblaient irrémédiablement perdus et allaient enfin succomber sous le nombre, lorsque la France, l'Angleterre et la Russie s'émurent de la situation et réunirent une flotte qui en quelques heures détruisit complètement la flotte turco-égyptienne, réfugiée dans le port de Navarin, le 20 octobre 1827.

Cette défaite fut pour la Sublime Porte le signal d'un nouvel effort : la guerre sainte fut proclamée dans tout son empire. Un redoublement d'ardeur témoigna partout de l'acharnement que les Turcs mirent à réduire leurs adversaires.

Ibrahim-Pacha, l'auxiliaire égyptien du sultan Mahmoud, se distingua particulièrement par les actes de brigandage que commirent ses soldats. Toute la Morée fut ravagée par les Egyptiens.

C'est alors que la France, seule, comprit qu'il y avait mieux à faire que d'écraser les Turcs sur mer, il fallait aussi les expulser du sol hellène. C'était le seul moyen d'empêcher l'anéantissement de ce vaillant peuple grec, précurseur de notre civilisation moderne.

Une armée française se mit en route pour la Grèce et débarqua sur les côtes de la Morée, autrefois le Péloponèse des temps héroïques. Commandée par le maréchal Maison, elle infligea une défaite complète à l'armée alliée que conduisait au feu Ibrahim en personne, le fils du pacha d'Egypte. Le farouche Égyptien fut bientôt contraint d'évacuer la péninsule.

Cette victoire mit fin à la guerre.

Enfin, le 3 février 1830, la Grèce fut reconnue par l'Europe comme royaume indépendant.

Eᴿ. RICHᴀᴿᴅ

C. CHARIER, éditeur à Saumur

La France, insultée par le dey d'Alger,
se venge en mettant fin à trois siècles de piraterie (1830)

La piraterie est vieille comme le monde. La plupart des sociétés civilisées ont poursuivi des peines les plus sévères les flibustiers et tous les écumeurs de mer. Pourtant, dans certains centres de civilisation, la tradition transmettait aux générations naissantes les souvenirs de brigandage et de piraterie, comme un moyen d'exalter la vie aventureuse et vagabonde. Non seulement on ne concevait pas d'horreur pour cette existence de meurtre et d'injustice, mais elle s'offrait aux yeux des sociétés comme une profession généreuse, dont le courage et la fortune rachetaient les forfaits. On la considérait comme une espèce de chevalerie. Certains grands seigneurs étaient fiers de commander une troupe de brigands. Tout était de bonne prise : hommes, meubles ou bestiaux. C'était le vol organisé.

Les pirates, favorisés par cet état d'esprit, en vinrent à équiper des escadres nombreuses et à tenir en échec les gouvernements eux-mêmes, profitant des dissensions intestines des nations pour infester les côtes et piller en pleine mer.

Les Siciliens, les Maures, les Normands et les Arabes furent, dans l'histoire du monde, les peuples qui fournirent le plus d'adeptes à ce brigandage odieux. Les pirates des Etats barbaresques, ouvertement soutenus par le dey d'Alger, furent les derniers du genre.

Pendant tout le moyen âge, l'histoire moderne et jusqu'au seuil de l'histoire contemporaine, la piraterie a son refuge et son organisation sur la côte africaine, de Tanger à Tunis, avec l'Algérie comme centre d'opération. Nulle puissance, jusqu'à Louis XIV, n'est assez forte pour châtier sévèrement ces bandits. La Méditerranée retentissait de leurs sinistres exploits. Ils guettaient les proies faciles, interceptaient les convois, pillaient les navires et capturaient les gens comme ôtages. La forte rançon était le prix et la condition nécessaires à la délivrance de ces malheureux. Le butin était partagé en toute sécurité, et l'or dépensé dans de monstrueuses orgies.

Le monde pourtant s'effraya de ces brigandages. Charles-Quint envahit Alger, les Chevaliers de Malte s'organisèrent pour lutter contre eux. Louis XIV, enfin, envoya Duquesne bombarder leur ville. Les bombes trouèrent les maisons, les mosquées furent incendiées, la Casbah fut détruite. On crut à l'efficacité de la répression. Erreur ! Le châtiment ne fit qu'accroître leur audace : on les vit bientôt reprendre la mer et se livrer impunément à tous les excès.

Ces forbans affrontaient bravement les boulets qui pénétraient dans le flanc de leurs navires et la mitraille qui brisait leur mâture. Rien ne les arrêtait : ils avançaient toujours et saisissaient avec leurs grappins les bâtiments qu'ils attaquaient à l'abordage. L'espoir du butin excitait leurs instincts sanguinaires. Dans l'effroyable mêlée, qui le plus souvent tournait à l'avantage de ces odieux bandits, tout était pillé et saccagé.

Les pirates des Etats barbaresques ne furent plus inquiétés depuis l'expédition de Duquesne en 1682 jusqu'à celle entreprise par lord Exmouth en 1816. Là encore, ils reçurent un châtiment mérité.

Cependant, tout porte à croire que de semblables mesures eussent été insuffisantes et inefficaces, si des événements inattendus n'eussent apporté au monde le seul remède à la situation : la conquête de l'Algérie par la France.

En effet, M. Deval, notre consul général, ayant à élever quelques réclamations au sujet d'un navire qui avait été capturé, se présenta à la Casbah, au printemps de 1827. Hussein-Pacha, le dey, s'emporta jusqu'à frapper le consul français au visage avec le chasse-mouches, formé de plumes de paon, qu'il portait à la main. Puis, il ordonna à M. Deval de sortir du palais.

Cette insulte eut en France un immense retentissement. Les satisfactions demandées par Charles X ayant été refusées par le dey, l'expédition fut alors résolue.

Le 13 juin 1830, la flotte française jetait l'ancre sur la côte d'Afrique et, le 5 juillet, le drapeau français flottait sur la Casbah, mettant fin, par la conquête de l'Algérie, à trois siècles de piraterie.

Er. Richa.

C. CHARIER, éditeur à Saumur

9 782329 640730